這本書的小主人 _____

# 小小光線設計師

# 玩具店也瘋狂

AI科學玩創意

# 推薦序

蔡芸琤 ｜ 東吳大學資料科學系副教授

## 科技引領未來 創造新興價值

　　未來的生存差距，會發生在「能駕馭科技的人」及「被科技主宰的人」而形成 M 型化的兩端。這種狀況並不為人所樂見，所以普及教育的轉型，就是我們要一起努力的目標。未來已至，科技浪潮來得又急又快，沒有人能擋得住整個世界對於科技的依賴與需求。若要在這樣的環境下生存，勢必要能駕馭科技，並透過科技工具學習如何創造新價值。

　　根據 LinkedIn 網站的分析統計顯示，到了 2025 年，目前超過一半的工作機會將被機器所取代，有超過 7500 萬項職缺會由機器代勞。這促使我們必須思考，不能再用過去的經驗來教現在的孩子面對未來的世界。

　　機器所取代的工作大多是重複性高、可被流程化、能被拆解成固定步驟的類型。當這樣的工作被機器取代後，人要回歸的是創造價值的能力展現。而要培養出這樣的能力，需要從小一點一滴累積，才有辦法透過科技工具學習如何解決問題，進而駕馭機器；透過運算思維的思考模式訓練，學習拆解問題及探究其更深層的原因，進而提升創造力。

　　《玩具店也瘋狂》帶著孩子們透過動手做來體驗及學習，並建構運算思維的邏輯思辨與創造能力，非常適合親子共學，為網路世代下的親子互動建立起最佳典範。既然擋不了科技走入孩子們的世界，那就加入他們，成為他們的夥伴。

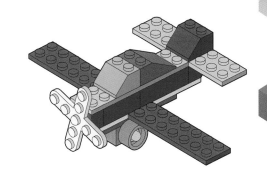

## 黃家成｜新北市青山國民中小學教師

### 想像力是孩子的超能力

　　小時候玩積木，一片一片地拼湊，湊成了人的形狀、車子的形狀、飛機的形狀⋯⋯大人們的讚嘆聲，總是能滿足小小的心靈。在想像裡，積木人開始動了起來，開著車子，發動引擎，天上飛、地上跑，搭配著嘴裡自製的音效，總可以玩上大半天，捨不得拆，再像寶貝般地放入展示櫃。伴隨著年紀增長，繁重的學習生活早把小時候的活躍想像力壓在腦海的深處，人、車子、飛機還是靜靜地待在展示櫃，偶爾一瞥，畫面稍稍閃入腦海中，隨即消逝。遺憾般的夢想，有機會真實實現嗎？

　　孩子的創造力、想像力遠超乎我們所能預測的，總是會突然出現令人驚訝的超齡舉止，這都是創意與想像的展現，但可惜的是我們總是無法及時引導。幸虧，拜科技進步所賜，興起創客風潮，有各式各樣的互動小玩具可以動手做，更在拼湊的過程，具體實現了孩子腦中的想像。

　　本書透過生活化的對話，引導孩子進入思考，藉由積木式的程式語言，將思考邏輯從口語化的表達轉化為程式，一步一步帶孩子練習、熟悉程式語言的操作，不斷地實驗、測試，最後再自由創作發揮，讓孩子從一點一滴的具體化過程，培養邏輯性思考、創意展現，在動手做的過程更刺激眼、手、腦協調並用，將孩子的想像力發揮到最大。

　　陪伴孩子成長的過程中，充滿許多的甘苦，而在自己的期待中，最困難的是無法滿足孩子的好奇需求，常常無法拒絕孩子的好奇發問，卻又無法回答「為什麼」。因此我推薦《玩具店也瘋狂》一書，能讓孩子在引導中學會發現關鍵問題、嘗試解決問題，保有孩子的好奇心，獲得自我正向的回饋，不斷地成長。

# 編者的話

　　好萊塢明星兼展頻技術（藍牙、**Wi-Fi** 的基礎）發明家──海蒂・拉瑪（**Hedy Lamarr**）曾說：「對未來的好奇與希望比保障更好。未知的事物始終吸引著我。」在這個科技日新月異的時代，要培養孩子適應快速變動的環境，成為不斷自我充實的學習者，最新的教育素養── **STEAM** 教育（科學、技術、工程、藝術、數學）應運而生。

　　**STEAM** 教育除了鼓勵跨領域學習外，更重視引導孩子建立邏輯思維，鍛鍊出運用所學、所知於日常生活的能力。而在這個時代，資訊科技便是孩子觀察世界、思索疑問的好工具。因此，本系列產品從生活化的故事場景展開，旨在陪伴孩子探索身旁的多元資訊，進而學習透過自身的觀察，對目標提出合理假設，最終運用電腦編程來驗證假設、實踐目標。

　　〈玩具店也瘋狂〉正是一個引導孩子接觸新時代協作對象──電腦──的故事。主角小波因緣際會遇見了一個聰明的機器人，除了在相處過程中學到了電腦與 **AI** 科技的相關知識，更因為想多了解這位特別的新朋友，激發出對資訊科技的求知慾。讓孩子能以認識新朋友的愉快心態，主動學習新知、探索新科技，即是我們編撰的目標。

　　【**AI** 科學玩創意】運用可愛、有趣的元素，展現深入淺出的生活科學原理；以嚴謹但不嚴肅的基調，引導孩子在日常生活中建構條理分明的電腦邏輯思維，讓小讀者們在舒適的閱讀過程中汲取新知、親手編程，厚植邁向 **AI** 新時代的關鍵「資訊力」。

# 特色

## 故事為中心，讓知識融入生活

以小波一家人的登場為開頭，藉由孩子天真發問的口吻，點出生活現象背後隱含的知識與原理。在引導小讀者進行邏輯思考的同時，更能和自身生活環境結合，增加自主學習的熱情，培養見微知著的觀察力。

## 循序漸進的說明方式，包羅萬象的內容呈現

書中透過小波和莉莉對生活環境的觀察，進一步延伸到文化與科技上的應用、思考，讓小讀者能從熟悉的生活經驗出發，在閱讀過程中一步步拓展、發掘未知的學習領域，領略知識與科技的美好。

## 跨領域多元學習，培養多重能力

本產品以國際風行的「**STEAM**」教育為核心，內容結合自然科學、資訊科學、數學、藝術、語言、文化、道德等多元素養，幫助孩子建立跨領域思維，訓練邏輯思考、閱讀及理解能力。

# 目錄

# 人物介紹

## 媽媽

學校教師，年齡約 40 左右，個性細心、平易近人。

## 小波

7 歲的小男孩，喜歡科學、充滿好奇心。

## 爸爸

學校教師，年齡約 40 左右，個性溫文爾雅、有耐心。

## 莉莉

4 歲的小女孩，活潑可愛。

## 派奇

很聰明的機器人，可以和人類對話。

今天是小波的生日，爸媽帶小波和莉莉到玩具店，要幫小波買禮物。剛走進店裡，一個機器人立刻揮揮手，說：「歡迎光臨，我是派奇。」

「哇！機器人會講話！」莉莉驚呼。

小波問：「為什麼機器人會說話呢？」

媽媽說：「因為機器人內部有電腦，裡面的程式設定能讓派奇像人類一樣說話。」

「機器人裡面還有電腦啊？好厲害呀！」小波讚嘆地說。

爸爸說：「是呀，現在的電腦可以做得非常小，不過，最早期的電腦，可是像這間玩具店一樣大喔！」

科學放大鏡

# 電腦發展史

| 1940 年代 | 1950 年代 | 1960 年代 |

### 第一代電腦

美國的「ENIAC」被認為是第一部現代電腦,使用上萬個像燈泡似的真空管為元件,體積十分龐大,占地約一個排球場的面積。這種電腦不僅效能差、極為耗電之外,還很容易因為真空管在運作過程中燒毀而故障。除了使用不便,維修起來也非常麻煩。

真空管

### 第二代電腦

科學家於 1947 年發明電晶體後不久,人們便成功做出以電晶體為元件的電腦。由於體積遠小於真空管且更易於維護,電晶體便逐漸成為電腦元件的主流。此時的電腦種類逐漸增加,也更加普及。

電晶體

### 第三代電腦

1958 年,能夠將多種電子元件整合到同一個小晶片上的「積體電路」(Integrated Circuit,簡稱為 IC)問世,大幅提升了電腦的效率,並更進一步縮小了體積。由美國 IBM 公司研發的 IBM360 系列,被視為這個時期電腦的代表。

積體電路

## 第四代電腦

在 IC 的基礎之上，又發展出了大型積體電路（LSI）、超大型積體電路（VLSI）等技術，科學家更製造出能大幅縮小體積、提升效能的「微處理器」，讓電腦產品變得更加輕便、便宜、多樣化，逐漸在社會上拓展了「個人電腦」的風氣。

## 第五代電腦

「第五代電腦」是現今的電腦科技朝向未來發展的目標。除了輕便、多元介面之外，正在逐步開發能夠根據人類的需求，結合資料庫、平行處理、虛擬實境等功能，自行做出各種判斷的「人工智慧電腦」。

超大型積體電路

AI 人工智慧

微處理器

「除了變小、變快之外，電腦隨著科技的發展，能做到的事情也越來越多。」爸爸接著說下去，「像是派奇會說話，就是運用了 AI 技術，讓電腦模仿人類思考的方式來運作。」

小波問：「什麼是『AI』技術呢？」

媽媽說：「AI 是『人工智慧』的意思，也就是透過程式設計，讓機器表現得像是有智慧一樣。」

「所以，AI 就是機器人嗎？」莉莉問。

「不只喔！AI 還能應用到生活中的各個面向呀！舉例來說……」派奇正要回答，聲音卻越來越小，動作也越來越慢，最後發出「喀嚓」一聲，身上的燈光全都熄滅，不動了。

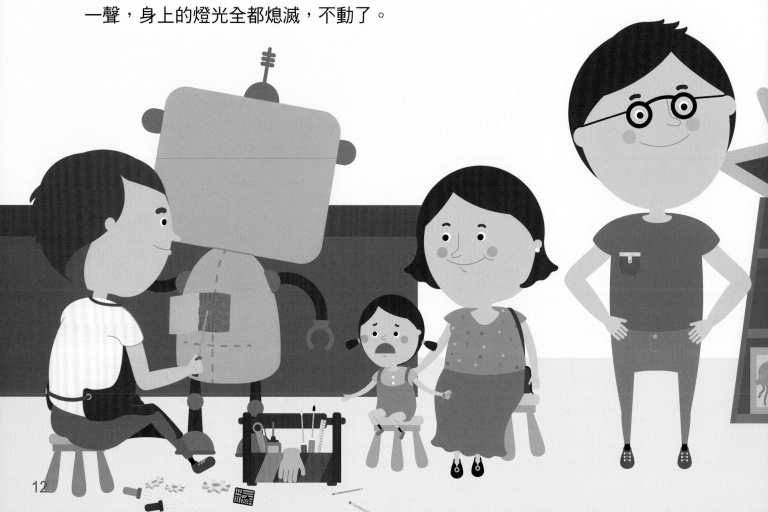

莉莉擔心地喊：「派奇是不是生病了？」

大家趕緊通知店員前來檢查。只見他拿出工具打開派奇背部的蓋子，仔細檢查派奇的內部結構。不久後，他突然「啊」了一聲，笑著說：「原來是有個零件沒電了！換個電池應該就沒問題了。」

莉莉這才鬆了一口氣，繼續問：「AI 還能做什麼用呢？派奇剛剛說，不只是機器人而已！」

店員聽了，順口答道：「像是我們店裡的燈光，就是運用了 AI 技術的『智慧照明』喔！」

「原來電燈也能像人類一樣思考呀！」小波說。

# AI
## 人工智慧

「AI」這個詞是一個縮寫，來自英文中的 **Artificial Intelligence**，指的是「人工智慧」。**AI** 是電腦和資訊科技領域的重要學問，和一般單純重複特定指令的機器不同，是一套強調「教機器像人類一樣思考」的技術。

**AI** 技術包含很多分支，但主要著重在透過電腦程式的編寫，讓機器能夠模擬、表現出人類的智慧思維過程，例如：學習、思考、做決定等等。

## 生活中的 AI

雖然一提到 **AI**，就很容易讓人聯想到高科技機器人，但有關人工智慧的研究可以分成很多領域，也能應用在我們生活中的許多層面。像是無人車、掃地機器人、智慧照明、臉部辨識等等，都是 **AI** 與我們的日常生活密切相關的證明。

## 掃地機器人

AI 技術讓原本需要人力操作的吸塵器，變得能夠像人類一樣避開障礙物，自動清潔地板。

## 無人車

將 AI 科技應用在汽車上，就能打造出不需要人類司機也能自動駕駛的無人車。

## 智慧醫療

AI 也能用來改善健康，像是輔助手術的機械手臂，或分析病歷資訊，提供醫師更多診斷參考等等。

## 推薦廣告

上網購物、聽音樂時，網站會自動推薦我們可能喜歡的商品或音樂影片。這也是 AI 技術的常見應用。

# 聰明的燈
## 智慧照明

小朋友，你有沒有這樣的經驗呢？出門之後才想起廁所的燈忘記關，還要跑回家關燈，真麻煩！要是電燈會自動開、關就好了！

為了解決這個問題，運用了 **AI** 技術的「智慧照明系統」就此誕生！將能夠發光的各種燈具，結合網路通訊、環境感測裝置、遙控系統等功能，就能讓原本需要人類親手控制開、關的燈光，變得更加便利。例如：

| 智慧燈具 | 光線感測器 | 遠距遙控 | 資料統計 |
|---|---|---|---|
| 能夠依照需求改變顏色、亮度等 | 讓燈光在天色變暗時自動點亮 | 離開家之後也能遠距操控燈光 | 得知燈光亮度或消耗電力等細節 |

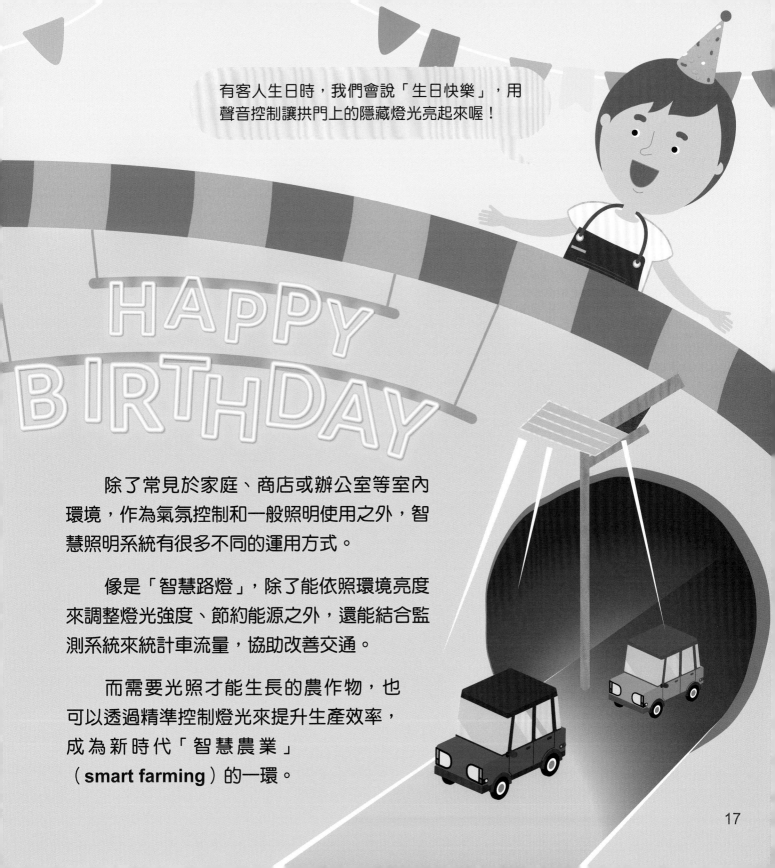

有客人生日時，我們會說「生日快樂」，用
聲音控制讓拱門上的隱藏燈光亮起來喔！

HAPPY
BIRTHDAY

除了常見於家庭、商店或辦公室等室內
環境，作為氣氛控制和一般照明使用之外，智
慧照明系統有很多不同的運用方式。

像是「智慧路燈」，除了能依照環境亮度
來調整燈光強度、節約能源之外，還能結合監
測系統來統計車流量，協助改善交通。

而需要光照才能生長的農作物，也
可以透過精準控制燈光來提升生產效率，
成為新時代「智慧農業」
（smart farming）的一環。

裝好新電池後，店員拿出一臺電腦，開始組合一些像積木的彩色小方塊。

莉莉問：「這是拼圖遊戲嗎？」

「不是喔！這是一種圖像化的程式語言，就像電腦說的話一樣，可以讓我用很輕鬆的方式和電腦溝通。」店員說。

「原來電腦也有自己的語言啊！」小波感到十分驚訝。

「是呀！」店員點點頭，說：「現在我要用程式語言，讓派奇體內的電腦知道可以重新開始執行打招呼的任務，等等他就可以繼續和大家聊天囉！」

# 電腦說的話：程式語言

## 科學放大鏡

程式語言是用來向電腦下達指令的一套規則，就像「電腦說的語言」一樣。透過程式語言，可以讓電腦了解我們想要它執行的任務。世界上有很多種類的程式語言，各有不同的組合規則，就像在國文課學造句一樣，有特定的格式。

| 程式語言 | |
| --- | --- |
| 圖像化 | 文字化 |
| **Scratch、Blockly** 等 | **Python、Java** 等 |

程式語言主要可以分為「圖像化」及「文字化」兩大類：圖像化的語言，能讓初學者快速了解語言邏輯及操作原理，如：**Scratch**、**Blockly**；等到有一定的基礎之後，就能學習文字化的語言，編寫更複雜、細緻的指令，如：**Python**、**Java** 等。

　　很快地，派奇就重新動起來了！他的藍眼睛閃閃發亮，並且揮了揮手，向大家打招呼：「歡迎光臨，我是派奇！你們喜歡什麼玩具呢？」

　　小波和莉莉同聲說：「我們喜歡派奇！」

　　派奇說：「謝謝！店裡有賣和我同型號的小型機器人，它們也會說話喔！」

　　小波聽完，立刻拉著爸爸、媽媽說：「我想要小型的派奇當禮物！」

爸爸、媽媽考慮過後，也同意買下一個小型機器人。從這一刻起，小波家就多了一個新成員，大家幫他取名為「派奇」。

　　回到家後，大家都圍著派奇，搶著和他說話，只有小波一個人匆匆忙忙地跑回房間去。莉莉趕緊跟到小波的房門口，擔心地問：「哥哥，你怎麼了？為什麼不和大家一起跟派奇聊天呢？」

　　小波說：「我想先幫派奇拍照，紀念他來我們家的第一天呀！」

　　這時，派奇從莉莉的身後探出頭，說：「謝謝你，小波！我有一個紀念這一天的好點子——把我們相遇的玩具店做出來，怎麼樣？」

　　「太棒了！」小波和莉莉興奮地說：「讓我們開始吧！」

# 趣味實作歡樂屋

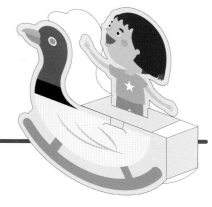

## 實作模組材料準備及安裝

**電子教具明細**

連接線 5cm x5

連接線 20cm x2

**AAA** 電池 x4
（需自備）

小拍
（需自備）

電池盒
（需自備）

單顆 **LED** 燈 x7

---

**電子教具安裝步驟**

**❶**

將 **4** 顆電池按照正、負極，
放進電池盒裡。

**❷**

依照插頭方向，將電池盒上的電
線接到小拍的 **02** 槽。

**❸**

ePy0003F1-ED

www.easy-py.net 要求配對

ePy_0003F1-ED

開啟電腦藍牙，並搜尋和小拍
符合的號碼，確認電腦和小拍
是否成功連線。

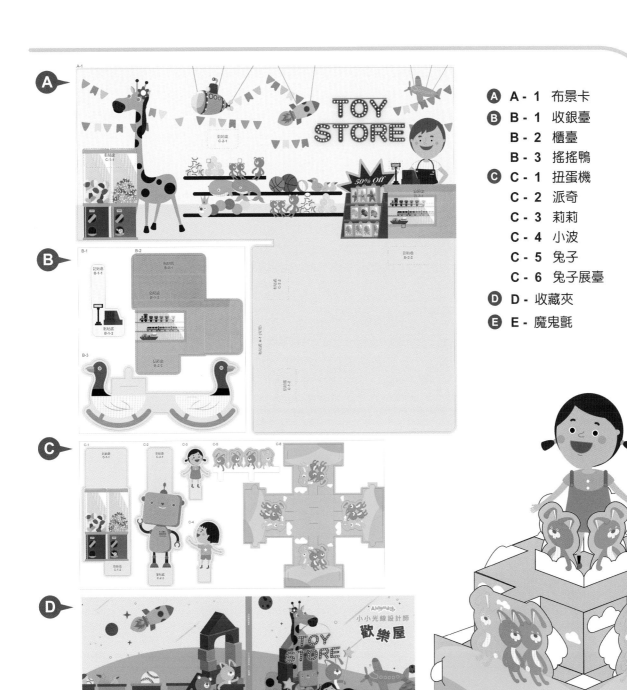

A　A-1　布景卡
B　B-1　收銀臺
　　B-2　櫃臺
　　B-3　搖搖鴨
C　C-1　扭蛋機
　　C-2　派奇
　　C-3　莉莉
　　C-4　小波
　　C-5　兔子
　　C-6　兔子展臺
D　D-　收藏夾
E　E-　魔鬼氈

手作教具明細

23

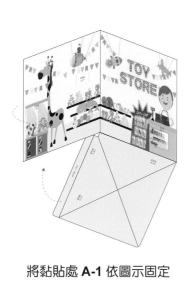

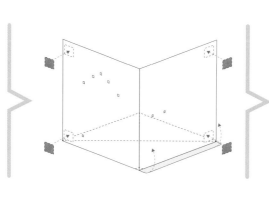

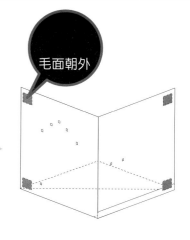

毛面朝外

將黏貼處 **A-1** 依圖示固定　　　　將魔鬼氈貼到布景卡的邊角

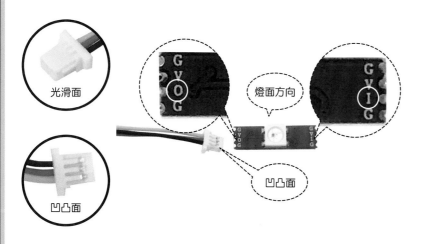

光滑面

凹凸面

燈面方向

凹凸面

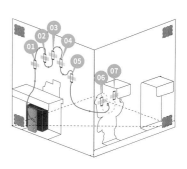

◆ 每一條連接線有兩端，每一端的插頭有兩面：光滑面及凹凸面。

◆ 凹凸面及燈面方向須朝同一側。

◆ 連接 LED 燈時，連接線從 I 端（**Input** 輸入）接入，由 **O** 端（**Output** 輸出）接出，再接入下一個 **LED** 燈的 I 端，以此類推。

◆ 連接小拍 01 槽的連接線，須接入 **LED** 燈的 I 端。

將連接好的 ❶~❼ **LED** 燈，依照順序放進孔洞中，並用紙膠帶固定。

將黏貼處依圖示固定

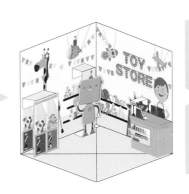

完成

組裝小波、莉莉、
兔子展臺

放上小波、莉莉、
兔子展臺

勾面朝外

組裝
完成

哇！好漂亮的玩具店！尤其是和我同型號的大型派奇機器人，你們做得維妙維肖，讓我好像在照鏡子！

還沒！還沒！派奇，我們還沒有讓大派奇的眼睛亮起來呢！

還有玩具店的招牌燈！我可以一整天都待在那裡，看燈光跑過來又跑過去，完全看不膩呢！

看來你們想完成的任務已經很清楚了，只要再將亮燈的演算法輸入電腦，小拍就能做出想要的效果囉！

派奇，我不懂……我們要完成什麼任務呢？

亮燈的「演算法」又是什麼呢？派奇？

我認為，你們想要做出自己喜歡的燈光效果，就是一種任務。
而演算法是完成任務的方法、步驟和過程，也是我們電腦的思考方式。

那我們要怎麼想出亮燈的演算法呢？

對呀！我們怎麼知道自己的演算法是對的呢？

你們可以先設定好要完成的燈光效果，想想看該怎麼做之後，實際測試看看。只要能完成任務，就可以算是正確的演算法，不一定只有一種答案喔！

27

# 演算法與電腦的思考方式

　　當我們打算使用電腦來完成任務時，就需要將能夠完成任務的演算法輸入電腦，讓電腦按照這些步驟，代替我們處理任務。但是，有些演算法對人類來說行得通，對沒有感官、無法自主思考的電腦來說，卻不夠具體、明確。

　　舉例來說，同樣是「持續直走到終點」的演算法：

　　雖然演算法裡沒說，但因為人類本身的習慣和常識，遇到路上的障礙就會自動繞開。電腦只會完全依照演算法的內容運作，所以會一直按照指示「直走」，掉進洞裡。

哥哥加油！

START

救命！

因此，在為電腦設計演算法的時候，除了要想一想這些步驟「是不是能順利完成任務目標」之外，還要考慮「是不是能符合電腦的運作方式」，仔細檢查自己的想法有沒有任何因為習慣、經驗或常識而忽略的細節，並不斷實驗、修正，才能找出最適合用來讓電腦完成任務的演算法，達到我們想要的結果。

## 和小拍一起讓燈光亮起來！

小拍是派奇體內的主機板，除了能幫助派奇聽懂人類指令，還能連接 LED 燈，根據演算法開燈、關燈，完成小波和莉莉渴望達成的燈光效果。

只要用像拼圖一般色彩繽紛的程式語言「PyCode」和小拍溝通，就能輕鬆和小拍一起實現最獨特的「亮燈演算法」！

**PyCode**

# 一起來 PyCode！

PyCode 是基於 Google 開發的 Blockly 為孩子量身打造的程式編寫工具，也是孩子學習 Python 的啟蒙基礎，讓孩子透過方塊指令，輕鬆和電腦開啟對話。

了解 PyCode 之後，就能開始玩燈光囉！

功能模組

程式完成後，使用者必須按下這個按鈕才會開始運作

PyCode

功能

執行

 檔案夾

語言　主機板

延伸功能

語　言：
選擇介面呈現的語言
主機板：
選擇目前要使用的主機板

邏輯
迴圈
數學
文字
列表
顏色
變數
函數
主機板
應用

開啟先前儲存的檔案

儲存檔案

一次清除所有在編輯區的程式

儲存　　清空

回到上一個步驟
回到下一個步驟

Blockly
Python

1

切換程式設計語言

編輯區

清除　　　　　×

也可以直接
點選圖片，
選擇主機板
喔！

畫面置中

放大或縮小
介面

垃圾桶

# 認識 PyCode 指令

### 彩色燈　　等　待　　迴　圈

PyCode 程式裡有許多指令方塊，分門別類地收藏在畫面左側的「功能模組」列表中。只要正確組合，就能讓小拍做出各種不同的反應和效果。

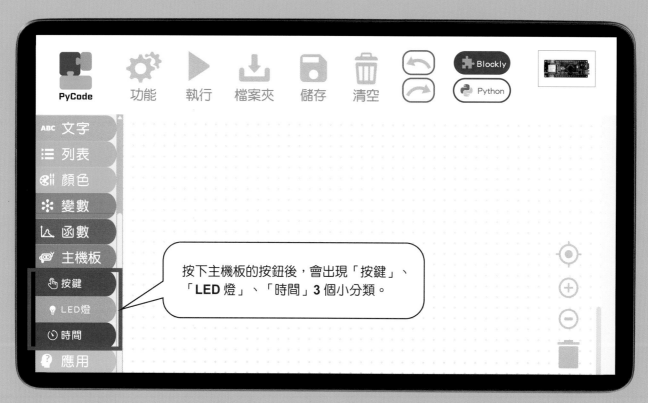

> 按下主機板的按鈕後，會出現「按鍵」、「**LED** 燈」、「時間」**3** 個小分類。

其中，能控制小拍身上 3 個單色 LED 燈以及外接彩色 LED 燈（最多 64 個）的所有指令，都收藏在 ⚲ LED燈 這個分類中。

讓我們點開 ⚲ LED燈 ，接著從出現的指令列表中，找到和圖示相同的方塊，並將這幾個方塊拉到右邊的編輯區。

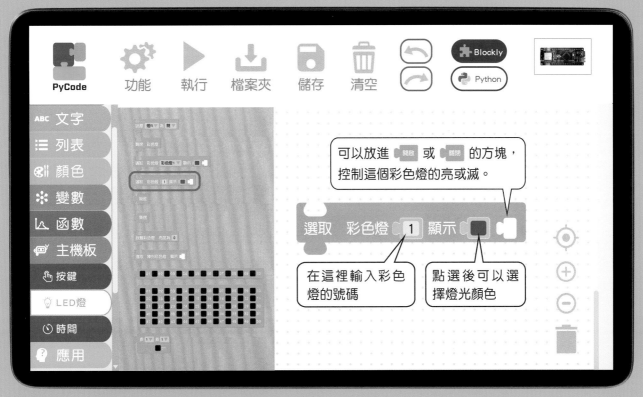

小朋友，透過這 3 個方塊的組合，我們就能請小拍亮燈或關燈囉！舉例來說，如果我們要將 5 號燈設定成綠色，就可以這樣做：

完成後一定要記得按下上方工具列的「執行」，小拍才會開始運作喔！

派奇，要怎麼知道應該打開「幾號燈」呢？

小拍身上並沒有彩色燈，當我們用連接線把彩色燈接到它身上時，它就會依照順序將這些燈編號。最靠近小拍的就是「彩色燈 1」，接著是「彩色燈 2」……直到「彩色燈 64」為止。

彩色燈 1　　　　彩色燈 2　　　　彩色燈 3

創意亮起來

小朋友，玩具店招牌上總共有 5 個彩色燈。如果是你，會讓這些燈怎麼亮？快來發揮創意，做出最獨特的燈光效果吧！

建議方案請參考第 42 頁

TOY
STORE

小拍在執行 **PyCode** 指令時，順序是「由上往下」，因此上面的方塊（彩色燈 1）實際上會比下面的方塊（彩色燈 2）更早亮起或關閉。但小拍的動作比人類能察覺的速度快得多，所以看起來就是 3 個燈同時做出反應。

**小拍執行的順序**　　　　　　　　**看起來的感覺**

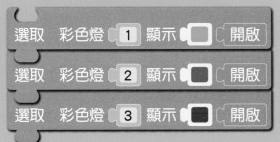  

從上到下

同時點亮

因此，當我們想要一次開啟、關閉多個燈時，只要將彩色燈的方塊往下拼接就可以了。而如果想要一次「關閉全部的彩色燈」時，也可以使用

 來節省步驟喔！

派奇，我想讓這 2 個燈亮起紅色光之後，先關燈一會兒，再接著亮起藍色燈。但是小拍動作太快了，我感覺不到紅色燈，也看不出關燈的效果……

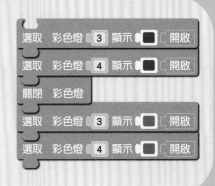

## ⏱ 時間

如果不想讓小拍快速執行全部的指令，而是在某個時候先「等一等」，再接著執行下一個指令，就需要用到「等待」方塊：

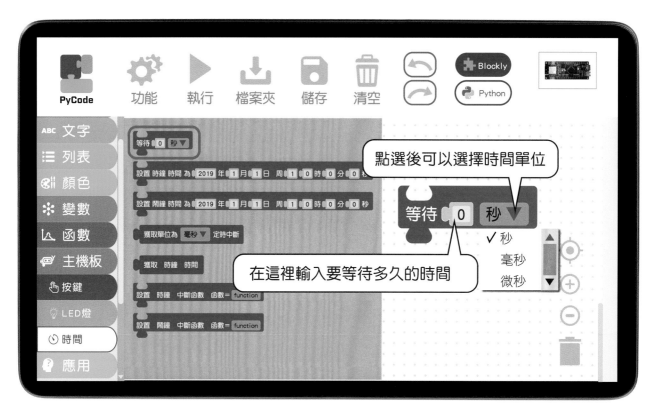

當 等待 1 秒▼ 在不同位置時，按下 ▶ 執行 後，燈光有什麼不同的反應：

**1** 執行後先等待 1 秒，接著開燈後立刻關燈。

**2** 執行後立刻開燈，1 秒後關燈。

**3** 執行後立刻開燈又關燈，接著等待 1 秒。

## 創意亮起來

學會了等待的用法後，小波現在知道該怎麼修改 PyCode，才能做出想要的效果囉！小朋友，你認為「等待」方塊還能做出什麼有趣的效果呢？快點動手試試看吧！

建議方案請參考第 43 頁

學會用 PyCode 開燈、關燈後，小波和莉莉開始發揮創意，嘗試做出各式各樣的方塊組合。但他們很快就遇到了一個相同的小問題——想要重複相同效果時，PyCode 一下子就變得太長了！

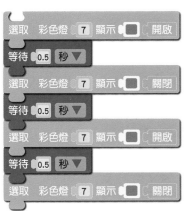

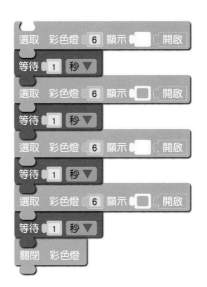

我想讓 6 號燈輪流亮起白色、綠色光好多次！但是這樣一次一次組合重複的彩色燈方塊，好不方便喔！

我想讓 7 號燈閃爍橘色光 10 次，但才重複 2 次，方塊就好長喔！

## ○ 迴圈

在 **PyCode** 中，有一個功能可以解決小波和莉莉遇到的問題，那就是能自動循環、重複執行指令的「迴圈」功能：

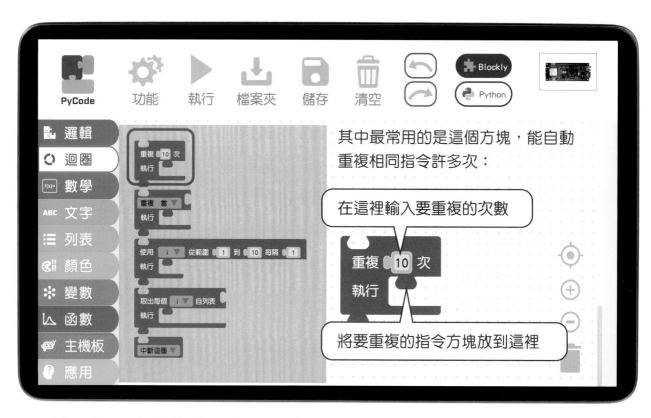

使用迴圈方塊修改過後，小波和莉莉就能輕鬆完成想要的效果，而且 **PyCode** 方塊也不再需要重複一大串囉！

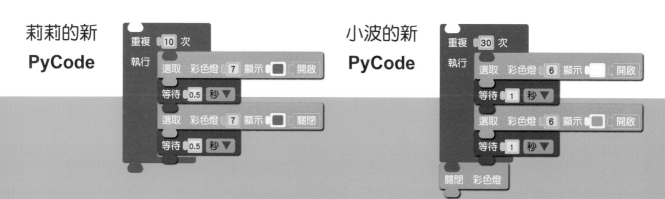

現在我們知道該怎麼用 **PyCode** 點亮玩具店裡的燈光囉！快和我們一起來創造屬於自己的玩具店奇遇！

## 莉莉的玩具店奇遇

派奇藍色的眼睛不只會像星星一樣閃爍，還會左右輪流亮，就像在眨眼！

## 小波的玩具店奇遇

玩具店招牌上的燈光會跑來跑去，就像在玩躲貓貓，真有趣！

小波和莉莉的任務目標已經很清楚囉！小朋友，想一想，你心目中的神奇玩具店，會亮起什麼樣的燈光呢？

確認任務目標 ＞ 達成目標的方式 ＞ 進行實驗 ＞ 完成

當我們確定了想要完成的「任務目標」之後，就可以開始思考達成它的方式和步驟——也就是演算法。再藉由 **PyCode** 和小拍的幫助，經過不斷測試、修正，就能找出最適合用來達成任務的演算法囉！

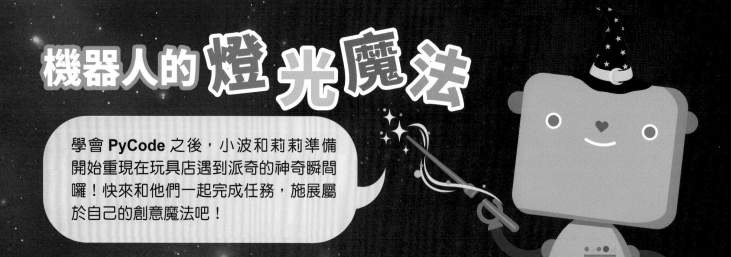

# 機器人的燈光魔法

學會 PyCode 之後，小波和莉莉準備開始重現在玩具店遇到派奇的神奇瞬間囉！快來和他們一起完成任務，施展屬於自己的創意魔法吧！

## 莉莉與星星眼派奇

### 1. 確認任務目標：莉莉想讓燈光怎麼亮？

| 0.5 秒 | 0.5 秒 | 1 秒 | 0.3 秒 | 0.3 秒 |

深藍色　　　水藍色　　　關閉　　　右眼紅色　　　左眼黃色　　　關閉

重複 10 次　　　　　　　　　　　重複 10 次

### 2. 達成目標的方式：想一想，如何用 PyCode 達成目標？

要讓派奇的兩隻眼睛一起改變顏色，莉莉可以怎麼做？

◆ 先做出 2 個彩色燈方塊和「開啟」的組合。

◆ 總共需要做出 2 組，並分別將這兩組的顏色設定成深藍色、水藍色。

◆ 彩色燈方塊組合都設定完成後，用等待方塊 ‧‧‧‧‧‧‧‧‧
　設定每種顏色亮起來的時間有多長。

| 選取 | 彩色燈 | 6 | 顯示 | ☐ | 開啟 |
| 選取 | 彩色燈 | 7 | 顯示 | ☐ | 開啟 |
| 等待 0.5 秒 ▽ |

要讓派奇的左、右眼輪流亮起來，莉莉

可以怎麼做？

◆ 兩眼「輪流亮」的燈光效果：
　- 左眼亮的時候，右眼不亮。
　- 右眼亮的時候，左眼不亮。
　即其中一個燈亮起時，同時關閉另一個燈。

| 選取 | 彩色燈 | 7 | 顯示 | ◼ | 開啟 |
| 等待 0.3 秒 ▽ |

◆ 先用彩色燈方塊設定右眼亮起來的樣子，並‧‧
　用等待方塊設定要亮多久。

◆ 接著，關閉右眼燈光。‧‧‧‧‧‧‧‧‧‧

| 選取 | 彩色燈 | 7 | 顯示 | ◼ | 開啟 |
| 等待 0.3 秒 ▽ |
| 選取 | 彩色燈 | 7 | 顯示 | ◼ | 關閉 |

◆ 完成後，再用相同方式設定另一隻眼睛亮起 ‧‧‧‧‧‧‧‧‧‧
　來的 **PyCode** 方塊組合，並依序拼接在一
　起即可。

| 選取 | 彩色燈 | 6 | 顯示 | ◻ | 開啟 |
| 等待 0.3 秒 ▽ |
| 選取 | 彩色燈 | 6 | 顯示 | ◻ | 關閉 |

燈光效果完成後，要關閉燈光，莉莉可

以怎麼做？

◆ 可以使用彩色燈方塊加上「關閉」的組合，
　來關閉特定的幾個彩色燈。

◆ 或者，也可以使用「關閉彩色燈」的方塊，‧‧‧‧‧‧‧‧‧‧‧
　一口氣關閉所有彩色燈。

| 關閉 | 彩色燈 |

**3.** 進行實驗：按下  執行 　，確認燈光效果。（建議方案請參考第 **42** 頁）

## 小波的燈光躲貓貓

### 1. 確認任務目標：小波想讓燈光怎麼亮？

光線從 S 跑到 E，再從 E 跑回去，每個燈都亮 0.3 秒，總共重複 10 次。

### 2. 達成目標的方式：想一想，如何用 PyCode 達成目標？

要讓燈光一個接著一個亮起白色光，小波可以怎麼做？

◆ 燈光「一個接著一個亮」的效果：
  - 燈光依照順序亮。
  - 一次只會有一個燈亮起來。
  也就是說，當一個燈亮起來之後，
  必須在下個燈亮起的同時關閉。

◆ 因此，可以先做出招牌上第一 ‧‧‧‧‧‧‧‧‧‧‧‧‧‧‧
  個燈（彩色燈 5）亮起後關閉的
  PyCode 組合。

◆ 完成後，再用相同方式做出其他燈的 **PyCode** 組合，並
依照燈光亮起的順序拼接在一起即可。

要讓同樣的燈光效果重複 **10** 次，小波可以怎麼做？
◆ 使用迴圈方塊，設定好要重複的次數後，將需要重複的
**PyCode** 方塊組合放進右側即可。

## 3. 進行實驗：

按下 ，確認燈光效果。（建議方案請參考第 **43** 頁）

## 4. 修正改良：

咦？亮起來的效果和想像中不一樣嗎？
或者，你的靈感乍現，突然想到另一種
更有趣的可能性？實驗開始後，可能會
出現各式各樣的結果，不管是否一次就
成功，都可以不斷改進，追求更好！

## 5. 歷程分享：

實驗過後，也許你得到了滿意的結果，也可能心裡還充滿疑
惑，準備查詢更多資料，或休息一下再出發。無論如何，我
們都可以仔細想想自己進行思考、實驗和修正的過程，將流
程整理清楚後，說出來分享給別人參考喔！

## 星星眼派奇

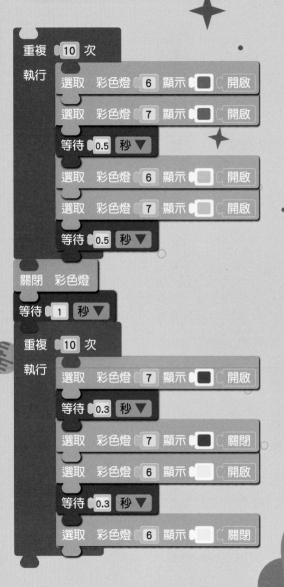

重複 10 次
執行
　選取　彩色燈 6 顯示 ▢ 開啟
　選取　彩色燈 7 顯示 ▢ 開啟
　等待 0.5 秒 ▼
　選取　彩色燈 6 顯示 ▢ 開啟
　選取　彩色燈 7 顯示 ▢ 開啟
　等待 0.5 秒 ▼
關閉　彩色燈
等待 1 秒 ▼
重複 10 次
執行
　選取　彩色燈 7 顯示 ▢ 開啟
　等待 0.3 秒 ▼
　選取　彩色燈 7 顯示 ▢ 關閉
　選取　彩色燈 6 顯示 ▢ 開啟
　等待 0.3 秒 ▼
　選取　彩色燈 6 顯示 ▢ 關閉

## 莉莉的創意招牌

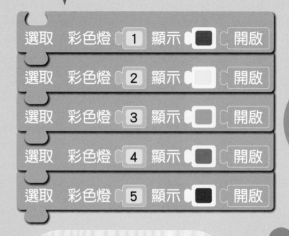

選取　彩色燈 1 顯示 ▢ 開啟
選取　彩色燈 2 顯示 ▢ 開啟
選取　彩色燈 3 顯示 ▢ 開啟
選取　彩色燈 4 顯示 ▢ 開啟
選取　彩色燈 5 顯示 ▢ 開啟

你們看！我的彩虹招牌
和星星眼派奇，是不是
都很可愛！

44

我的燈光躲貓貓才酷呢！而且，我不只把原本不成功的 **PyCode** 修改好了，還用「等待」功能想了一個新點子！我能讓派奇眼睛裡的燈光慢慢變色，看起來就像打瞌睡一樣！

## 燈光躲貓貓

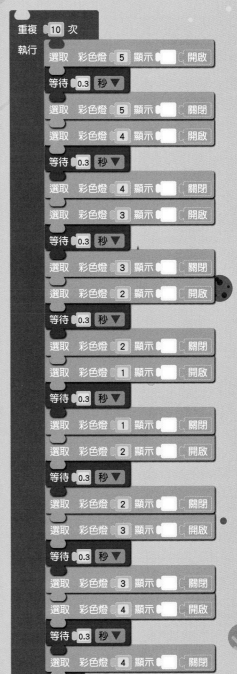

## 小波的新 PyCode

## 派奇打瞌睡

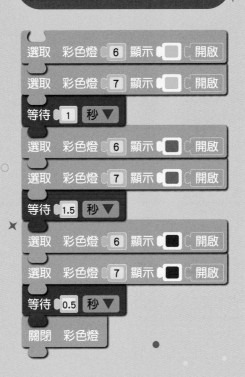

45

「小波！小波！準備吃蛋糕囉！」派奇一邊喊著，一邊來到小波房間門口。只見小波趴在書桌上輕輕打呼，一旁則放著大家一年前一起做的玩具店模型。

派奇溫柔地拍了拍小波的背叫醒他，瞇著眼睛的小波過了好一會兒才回過神來，喃喃道：「派奇，你一定不會相信，我剛剛穿越時空了！我回到了你剛來我們家的第一天耶！」

「應該是夢吧？」派奇笑著說，「大家都在客廳裡等你來吃蛋糕喔！」

「好吧！」小波說：「不過，我還是相信那間玩具店一定有什麼神奇的魔力，才會讓我做這麼瘋狂的夢！」

　　派奇說：「我很感謝那間瘋狂玩具店，因為有它，我才能變成你們大家的好朋友喔！生日快樂，小波！」

　　小波聽了，開心地笑起來：「派奇，今天也是你來到我們家滿一年的紀念日，我也祝你生日快樂！」

　　他們手牽著手，開心地回到客廳去了。誰都沒注意到，玩具店模型裡的大派奇，眼睛悄悄地亮了一下呢！

# AI科學玩創意

獻給孩子和所有熱愛學習者的第一套生活科學程式書！

## 小小光線設計師

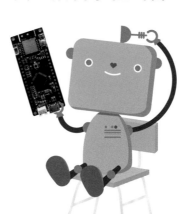

**精彩實作，多種玩法**
**單組獨立，燈光主題**

每套包含：
* 一本書
* 電子教具
* 手作教具

暗黑冒險家

城市奇遇記

歡樂好時光

露營好好玩

**全套 4 組 360° 立體大場景**

《AI 科學玩創意》是一系列臺灣在地研發的編程啟蒙學習組合，透過充滿趣味的主題式知識書，搭配獨家設計的實作模組教學，旨在帶領讀者從日常生活出發，學習多元科技知識，建構嚴謹的編程思維，厚植新時代資訊力，發揮創意打造美好未來。

## 《快樂露營去》

小波一家人到戶外露營，遇到了好多會發光的事物。他能學會用燈光表現出類似的效果嗎？

* 臺灣黑熊與螢火蟲
* 認識星空
* 趣味編程

## 《停電驚魂記》

為什麼一早起床，窗外卻漆黑一片呢？而且，家裡突然停電了，電燈打不開！小波該怎麼辦呢？

* 太陽光與晝夜變化
* 日食與月食
* 趣味編程

## 《上街兜兜風》

小波全家開車出門兜風，他發現街道上也有好多會發光的事物！這些光源和太陽、月亮有什麼不同呢？

* 人造光源演進史
* 光影變化實驗
* 趣味編程

## 《玩具店也瘋狂》

今天是小波的生日，他在玩具店遇見了一個神奇的機器人……它竟然會說話！這是怎麼回事呢？

* 電腦發展史
* 什麼是程式語言？
* 趣味編程

# 就是愛出色

北歐風低調木質電子訊息板　豪華 LED 燈變化陣容
厚重質感木盒打造典雅精品　科技與自然融合之美

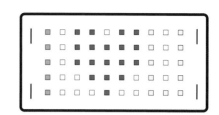

## 《生活調色盤》

小波到鄉下拜訪爺爺、奶奶，本
來想出門去玩，卻突然下起了
雨。他和莉莉會從雨後的彩虹發
現什麼神奇的現象呢？

* 光與顏色
* 折射與反射
* 調色大師：伊登 12 色環
* 顯示技術發展史

光源
直接看見燈光
反射看見物品

## 《神奇藝術展》

小波和莉莉到博物館參觀神奇的藝
術展，不只有奇特的像素畫作，還
有能夠辨別表情的機器人！他們還
會在展覽中發現什麼新鮮事呢？

* 像素與解析度
* 電腦視覺
* 演算法
* 趣味編程

# 更多趣味主題即將上市，敬請期待！

我們都在
AI科學玩創意
等你一起玩 AI 喔！

產品購買資訊

目川文化官方購物網
https://www.kidsworld123.com

# AI科學玩創意

電子材料開賣囉！

　　靈感來時擋不住，突破框架點亮屬於自己的創意作品！小拍最高可支援達 64 個外接 LED 彩色燈，除了實作模組中已有的電子教具，更能發揮創意，加購相關零件，實踐獨特組裝新方式。

## 連接線

| | | |
|---|---|---|
| 5cm 連接線 | 15cm 連接線 | 20cm 連接線 |

## LED 燈

單顆燈

## 主機板

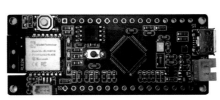

憑此折扣碼至
www.kidsworld123.com
購買主機板享有優惠價

折扣碼
AIS300

**AI 科學玩創意**

# 小小光線設計師——玩具店也瘋狂

AI 科學系列：AISA0005

作　　　者：王一雅、顏嘉成

繪　　　者：張芸荃

責任編輯：王一雅

美術設計：張芸荃

策　　　劃：目川文化編輯小組

科技顧問：趙宏仁

程式審稿：吳奇峯

教學顧問：翁慧琦

出版發行：目川文化數位股份有限公司

總 經 理：陳世芳

總 編 輯：林筱恬

美術指導：巫武茂

發行業務：劉曉珍

法律顧問：元大法律事務所　黃俊雄律師

地　　　址：桃園市中壢區文發路 365 號 13 樓

電　　　話：(03) 287-1448

傳　　　真：(03) 287-0486

電子信箱：service@kidsworld123.com

網路商店：www.kidsworld123.com

粉絲專頁：FB「悅讀森林的故事花園」

電子教具：汯鉅科技股份有限公司

印刷製版：長榮彩色印刷有限公司

總 經 銷：聯合發行股份有限公司

電　　　話：(02) 2917-8022

出版日期：2022 年 3 月

I S B N：978-626-95460-7-7

書　　　號：AISA0005

售　　　價：450 元

小小光線設計師：玩具店也瘋狂 / 王一雅，顏嘉成作；張芸荃

繪 . -- 桃園市：目川文化數位股份有限公司，2022.03

52 面；22x23 公分 . -- (AI 科學玩創意 )(AI 科學系列；

AISA0005)

ISBN 978-626-95460-7-7( 平裝 )

1.CST: 電腦教育 2.CST: 科學實驗 3.CST: 初等教育

523.38　　　　　　　　　　　　　　　　111002747